LA RÉVOLUTION FRANÇAISE
ET L'ABOLITION DE L'ESCLAVAGE

TEXTES ET DOCUMENTS

TOME XII

EDHIS
EDITIONS D'HISTOIRE SOCIALE
10, RUE VIVIENNE
PARIS

— XII —

LA REVOLUTION FRANÇAISE ET L'ABOLITION DE L'ESCLAVAGE

La collection « La Révolution française et l'abolition de l'esclavage » comprend au total quatre-vingt-neuf titres répartis en douze volumes, qui forment quatre séries:

A - *La traite des Noirs et l'esclavage, tomes I à V.*

B - *La Société des Amis des Noirs, tomes VI à IX.*

C - *La révolte des Noirs et des Créoles, tomes X et XI.*

D - *La législation nouvelle, qui, avec une table générale des douze volumes et un index, forme le XIIe et dernier volume.*

LA RÉVOLUTION FRANÇAISE
ET L'ABOLITION DE L'ESCLAVAGE

XII

LA LEGISLATION NOUVELLE

TABLE GENERALE & INDEX

EDHIS
EDITIONS D'HISTOIRE SOCIALE
10, RUE VIVIENNE
PARIS

TABLE DU TOME XII

8 DECRET de la Convention Nationale, du 16. jour de Pluviôse, an second de la République Française, une & indivisible, Qui abolit l'esclavage des Nègres dans les Colonies. - Paris, Imprimerie Nationale, an II, 2 pp.

9 ARRETE du Directoire Exécutif, concernant la formation d'une Compagnie de militaires noirs et de couleur des troupes des Colonies. Du 3 prairial an VI de la République française, une et indivisible. - Paris, Imprimerie du Dépôt des Lois, s.d. (1798), 3 pp.

10 TABLE générale des ouvrages contenus dans les douze volumes de la collection « La Révolution française et l'abolition de l'esclavage ».

11 INDEX des auteurs et des titres anonymes.

N.° 968.

LOI

Relative aux Colonies, avec l'exposé des motifs qui en ont déterminé les dispositions.

Donnée à Paris, le 1.er Juin 1791.

LOUIS, par la grâce de Dieu & par la Loi constitutionnelle de l'État, ROI DES FRANÇOIS : A tous présens & à venir ; SALUT.

L'ASSEMBLÉE NATIONALE a décrété, & Nous voulons & ordonnons ce qui suit :

DÉCRET DE L'ASSEMBLÉE NATIONALE, du 13 Mai 1791.

L'ASSEMBLÉE NATIONALE décrète comme article constitutionnel, qu'aucune loi sur l'état des personnes non libres, ne pourra être faite par le Corps législatif pour les Colonies, que sur la demande formelle & spontanée des assemblées coloniales.

Décret de l'Assemblée Nationale, du 15 Mai 1791.

L'Assemblée Nationale décrète que le Corps législatif ne délibérera jamais sur l'état politique des gens de couleur qui ne seroient pas nés de père & mère libres, sans le vœu préalable, libre & spontané des Colonies; que les assemblées coloniales actuellement existantes subsisteront, mais que les gens de couleur nés de père & mère libres, seront admis dans toutes les assemblées paroissiales & coloniales futures, s'ils ont d'ailleurs les qualités requises.

Exposé des motifs des Décrets des 13 & 15 mai, ci-dessus & de l'autre part, sur l'état des personnes dans les Colonies, décrété le 29 mai 1791.

L'Assemblée Nationale occupée de tous les moyens d'assurer la prospérité dans les Colonies, de faire participer les citoyens qui les habitent aux avantages de la constitution, de consolider la fortune des planteurs, de leur donner les marques d'affection qui dépendent d'elle, d'unir d'intérêt avec eux tous les hommes dont les forces & l'attachement peuvent concourir au maintien de l'ordre, & continuant le travail qu'elle avoit commencé sur des objets si dignes de sa sollicitude, a reconnu que les circonstances locales & l'espèce de culture qui fait prospérer les Colonies, semblent nécessiter d'admettre dans la constitution coloniale quelques exceptions aux principes généraux.

Il lui a paru que le Corps législatif ne peut être mieux éclairé sur ces exceptions que par le vœu des Colonies elles-mêmes. Elle a en conſéquence jugé convenable d'oppoſer une entière loyauté aux inquiétudes qu'on cherche à répandre dans les Colonies, & d'expliquer clairement ſes intentions ſur la faveur de l'*initiative* qu'elle a cru devoir accorder aux diverſes aſſemblées coloniales, par ſon décret du 28 mars, relativement aux loix à faire ſur l'état des perſonnes.

Le point fondamental & le ſeul véritablement important, celui ſur lequel les gens mal intentionnés vouloient alarmer les Colonies, étoit la conſervation des moyens que les propriétaires ont de les mettre en valeur. L'Aſſemblée Nationale a déclaré que le Corps légiſlatif ne délibéreroit ſur l'état des perſonnes *non libres*, que d'après les propoſitions ſpontanées que pourroient lui faire les aſſemblées coloniales.

L'Aſſemblée Nationale a pu prendre cet engagement, parce qu'il ne s'agiſſoit que d'individus d'une nation étrangère, qui, par leur profonde ignorance, les malheurs de leur expatriation, la conſidération de leur propre intérêt, l'impérieuſe loi de la néceſſité, ne peuvent eſpérer que du temps, du progrès de l'eſprit public & des lumières, un changement de condition qui, dans l'état actuel des choſes, ſeroit contraire au bien général, & pourroit leur devenir également funeſte.

La confirmation des loix relatives aux perſonnes non libres, étoit ce qu'avoient ſouhaité les citoyens des Colonies; c'eſt à cet égard ſeulement que l'initiative leur avoit été donnée ſur l'état des perſonnes, & qu'elle étoit intéreſſante pour eux; car, où la propriété eſt aſſurée, où la culture & le commerce peuvent proſpérer, là ſe trouvent toutes les ſources des richeſſes & tous les moyens de bonheur.

L'Aſſemblée Nationale a cru devoir les garantir aux Colonies, par les expreſſions les plus claires & ſans aucune équivoque.

Une autre queſtion s'eſt élevée ſur la manière dont l'initiative coloniale ſeroit exercée, & ſur les perſonnes qui auroient le droit d'y concourir par elles-mêmes ou par les repréſentans qu'elles envoyent aux aſſemblées coloniales. La raiſon, le bon ſens, le texte poſitif des loix diſoient que les Colonies ſont compoſées de tous les citoyens libres qui les habitent, & que tous ces citoyens devoient donc prendre part à l'élection des aſſemblées deſtinées à exercer pour eux leur droit d'initiative. Sous l'ancien régime même, & ſous le plus deſpotique des régimes, l'édit de 1685 avoit donné aux affranchis tous les droits dont jouiſſoient alors les autres citoyens. Il auroit fallu une loi nouvelle pour les exclure des nouveaux droits dans leſquels les citoyens ſont rentrés par la révolution. Et s'il y avoit eu quelque incertitude, elle auroit été levée par le décret du 28 mars, qui reçu dans les Colonies avec reconnoiſſance, & y réglant les droits de citoyen actif d'après les mêmes principes conſtitutionnels par leſquels ils le ſont en France, dit formellement & ſans exception, article IV : « Que toute perſonne libre, *propriétaire* » ou *domiciliée depuis deux ans & contribuable*, jouira du » droit de ſuffrage qui conſtitue la qualité de citoyen actif. »

Il ne dépendoit pas de l'Aſſemblée Nationale de ſe refuſer à rendre ce décret du 28 mars; il ne dépendoit pas d'elle d'en reſtreindre le ſens, en portant atteinte aux droits eſſentiels des citoyens; elle ne pouvoit accorder à une partie de l'empire, la faculté d'exclure des droits de citoyen actif des hommes à qui les loix conſtitutionnelles aſſurent ces droits dans l'empire entier. Les droits des citoyens ſont antérieurs à la ſociété; ils lui ſervent de baſe : l'Aſſemblée Nationale n'a pu que les reconnoître & les déclarer; elle eſt dans l'heureuſe impuiſſance de les enfreindre : elle n'a pu en détourner les yeux, lorſqu'elle a été obligée de prononcer ſur les propoſitions que les députés des Colonies ont faites à la tribune.

Ils y ont expoſé que leurs commettans jugeoient utile & même néceſſaire, qu'ils déſiroient vivement que l'on conſervât une claſſe intermédiaire entre les perſonnes non libres & les citoyens actifs; claſſe qui jouiſſant des droits civils , ne voit encore les droits politiques que comme une expectative honorable & avantageuſe aſſurée à ſes deſcendans. Ils ont cru que l'initiative des Colonies devoit avoir lieu pour la détermination de cette claſſe intermédiaire ; ils ont réclamé cette initiative comme une conſéquence du décret du 28 mars, qui au contraire l'excluoit ſur ce point; ils ont propoſé d'attendre que les Colonies ſe fuſſent expliquées relativement à ce qu'elles croiroient convenable de faire pour leurs citoyens libres qui ne ſeroient pas entièrement de race Européenne.

Sans doute, & ils ne l'ont pas diſſimulé, ils ne ſollicitoient pour les colons blancs, le privilège de l'initiative ſur ce qui concerne les hommes libres d'une autre couleur, que pour ménager aux aſſemblées coloniales l'avantage de reconnoître & d'aſſurer elles-mêmes les droits de cette claſſe de citoyens. Mais ce vœu qu'il eſt toujours honorable d'avoir déſiré d'émettre, l'Aſſemblée Nationale n'a pas dû l'entendre lorſqu'il s'agiſſoit d'un droit naturel, ſocial & poſitif, déjà déclaré par elle. Pour faciliter aux colons des moyens de s'honorer par des actes de bienfaiſance, elle n'a pas dû ceſſer un inſtant d'être juſte, conſéquente à ſes propres décrets, fidèle à ce reſpect pour les droits des citoyens, ſur lequel elle a ſi ſolidement fondé la conſtitution de l'empire François.

Ce qu'elle a pu, ce qu'elle a fait, eſt d'apporter dans ſa réſolution toute la condeſcendance pour les opinions reçues dans les Colonies, qui ne lui étoit pas formellement interdite par les loix conſtitutionnelles. Elle pouvoit repouſſer la propoſition d'une claſſe intermédiaire; elle pouvoit ſe renfermer dans le ſens littéral du décret déjà rendu ſur les perſonnes libres. Elle a préféré traiter les colons, repréſentans des fondateurs des Colonies, comme une mère tendre qui non-ſeulement veut le bien de ſes enfans, mais ſe plaît à le faire de la manière qui ſe rapproche le plus des idées dont ils ont contracté l'habitude; elle a conſenti à former la claſſe intermédiaire que ſollicitoient les colons blancs; elle y a compris les affranchis, & même les perſonnes libres, nées d'un pere ou d'une mère qui ne le ſeroient pas; elle a étendu ſur eux l'initiative concédée par la métropole aux Colonies. Elle a ainſi augmenté dans les aſſemblées coloniales le droit éminent que leur avoit déjà conféré, relativement aux perſonnes non libres, ce droit précieux d'être l'origine d'un plus grand bien, qui eſt un des plus beaux & des plus nobles attributs du corps conſtituant.

Les Colonies doivent ſavoir néanmoins que l'Aſſemblée Nationale ne ſe ſeroit pas permis cette condeſcendance pour des préjugés, ſi elle n'y avoit pas enviſagé un principe de juſtice; car ce n'eſt que par la juſtice que l'on peut influer ſur les réſolutions. Mais les colons blancs ſont tous nés de père & mère libres : demander la même condition aux hommes d'une autre couleur pour jouir des droits de citoyen actif, ce n'eſt que maintenir une égalité conſtitutionnelle & légitime.

Les citoyens de la claſſe intermédiaire ne ſont donc point léſés; & quant aux colons, un moment de réflexion paiſible ſuffira pour leur faire comprendre à quel point il étoit important que l'Aſſemblée Nationale leur attachât, par un intérêt commun, tous les citoyens libres, nés de père & mère libres. En reconnoiſſant chez ceux-ci, comme elle l'avoit déjà fait, les droits que leur donnent la nature & la ſociété, elle a créé dans les Colonies la puiſſance la plus propre à réſiſter & aux troubles intérieurs, & aux attaques de l'ennemi.

L'Aſſemblée Nationale a pris encore une autre précaution, bien propre à prévenir toute agitation dans les Colonies, c'eſt d'établir un délai entre la promulgation de la loi qu'elle devoit à la patrie & à l'humanité, & la première occaſion d'appliquer cette loi. Le Corps légiſlatif a confirmé les aſſemblées coloniales actuellement exiſtantes, & leur a continué l'exercice du droit d'initiative accordé aux Colonies, quoique ces aſſemblées n'ayent pas été élues par la totalité des citoyens libres, nés de père & mère libres, de ſorte qu'ils n'auront tous à concourir qu'aux aſſemblées primaires qui ſe tiendront pour les élections qui ſe feront à l'avenir, dont les règles locales pour les Colonies ne ſont pas encore décrétées, & auxquelles même s'étend leur droit d'initiative.

Pendant cet intervalle, les préjugés auront le temps de

s'affoiblir ; les ſentimens de juſtice & d'humanité, l'évidence de l'intérêt commun de tous les hommes libres dans un pays où la ſûreté générale demande entre eux la plus grande union, tous les motifs les plus puiſſans ſur la raiſon, ſur la ſenſibilité & ſur le civiſme, produiront leur effet; & où la patrie ne voit que des enfans, ils ſe plairont à contribuer à ſon bonheur, en les regardant comme frères.

L'Aſſemblée Nationale s'applaudiſſoit d'un ouvrage dans lequel la politique, la modération, la raiſon & l'équité lui paroiſſoient ſi heureuſement conciliées, lorſqu'elle a vu avec douleur quelques députés des Colonies, regarder comme une diminution des conceſſions précédemment faites aux aſſemblées coloniales, ce qui n'eſt en ſoi qu'une extenſion donnée à ces mêmes conceſſions.

Ces députés ne peuvent manquer d'abjurer bientôt une erreur ſi contraire aux intentions & à la teneur des décrets du Corps légiſlatif & conſtituant; ils regretteront de l'avoir manifeſtée, en déclarant qu'ils s'abſtiendroient des ſéances où leur devoir les appelle.

L'Aſſemblée Nationale les plaint d'une conduite qu'elle auroit pu frapper de ſon improbation ; & dans l'affection véritablement maternelle dont elle eſt animée pour les Colonies, elle ſe borne à empêcher par la préſente inſtruction, que l'erreur de leurs députés ne devienne contagieuſe.

Quel plus beau témoignage d'eſtime & de confiance pouvoit-elle donner aux aſſemblées coloniales, que de leur accorder l'initiative ſur leurs loix conſtitutionnelles, & ſur l'état des perſonnes non libres ou qui ne ſont pas nées de père & mère libres ! De quelle plus belle fonction pouvoit-elle les revêtir, que de celle de venir avec sagesse au secours de l'humanité souffrante, d'éclairer le Corps législatif sur tous les adoucissemens qu'il sera possible de procurer un jour à cette classe infortunée, de proposer tous les changemens qu'un meilleur ordre de choses exige, tous les tempéramens, toutes les modifications aux loix générales que les localités pourront rendre nécessaires, de préparer le bien que les législatures auront à effectuer, & que les colons auront toujours la gloire d'avoir provoqué !

Peut-on imaginer un plus grand nombre de concessions plus honorables & plus flatteuses ! y a-t-il quelque exemple d'une métropole qui ait abandonné à ses Colonies l'exercice d'un pareil droit sur les actes les plus importans de la législation !

L'Assemblée Nationale a tout accordé aux Colonies, tout, excepté les droits imprescriptibles d'une classe de citoyens que la nature & les loix constituoient parties intégrantes de la société politique ; tout, excepté le renversement des principes créateurs de la constitution Françoise, qui ont obtenu, qui devoient obtenir l'assentiment unanime de tous les hommes qui veulent vivre & mourir libres.

Si la réaction des préjugés, des passions & des intérêts particuliers est dans tous les lieux la même, si elle oppose par-tout quelque résistance au perfectionnement de l'esprit humain & au cours rapide de la régénération sociale & de la prospérité publique, la justice, la raison ont aussi par-tout leur très-salutaire & très-puissante influence. L'Assemblée Nationale ne doutera donc jamais que les colons appelés comme François & par le vœu qu'ils ont clairement exprimé, au droit & à l'honneur de jouir des bienfaits de la conſtitution, n'ayent le noble amour propre de s'élever à ſa hauteur, & de s'en montrer complettement dignes.

Dédaignant l'imputation & le ſoupçon d'avoir manqué envers eux à ſes engagemens, au moment où elle y ajoute encore par égard pour leurs habitudes, il ſuffit à l'Aſſemblée Nationale de les inviter a comparer & à peſer ſes décrets; ils y trouveront ſa conſtante attention pour leurs intérêts. Elle ne veut point d'autre préſervatif contre tous les efforts que l'on pourroit faire pour égarer leur opinion ; elle ſe fie à leur raiſon, & au patriotiſme dont ils ont en tous les temps donné un ſi grand nombre de preuves. Elle eſt convaincue que rien ne peut les détourner de l'obéiſſance qu'ils doivent aux décrets du Corps légiſlatif ſanctionnés par le Roi. Sûre de ſes principes, inveſtie de toutes les forces de la volonté générale, la nation Françoiſe doit au maintien de l'ordre, à l'intérêt même des colons blancs, à leur ſûreté, à la conſervation de leurs rapports commerciaux avec la métropole, de prendre les meſures les plus promptes & les plus efficaces pour aſſurer dans les Colonies l'exécution de ſes loix, pour prévenir les dangers des fauſſes interprétations, & pour arrêter les coupables efforts de tous ceux qui n'aſpirent à diviſer les eſprits, à fomenter des troubles, que pour mettre la liberté publique en danger.

Mais la ſoumiſſion, mais la reconnoiſſance des colons libres de toutes couleurs, & ſur-tout de ceux qui tiennent de plus près à la *mère-patrie*, de ceux qui ſe ſont toujours diſtingués parmi ſes enfans, lui paroiſſent encore plus ſolidement fondées ſur leur propre intérêt, ſur l'attachement & ſur le zèle que mérite, qu'inſpire la conſtitution, & qu'on n'altérera jamais dans le cœur des bons citoyens. Chez eux toute paſſion cède à l'amour de la patrie ; & ſi quelque inſinuation tendoit à l'affoibliſſement de ce lien ſacré, ils la repouſſeront avec horreur.

Dans cette juſte confiance, & ſans rien préjuger ſur le vœu que les Colonies ſont autoriſées à émettre relativement aux loix qui peuvent leur convenir, l'Aſſemblée Nationale a chargé ſes Comités réunis de conſtitution, des colonies, de commerce & de marine, de rédiger ſans délai des projets d'organiſation qui ſeront envoyés aux Colonies, non pour porter aucune atteinte à leur initiative, mais comme un recueil d'idées qui peuvent être ſalutaires. Les aſſemblées coloniales ſont exhortées à les conſidérer d'après leur valeur intrinſèque, ſans y attacher le poids d'aucun déſir du Corps légiſlatif; elles pourront les adopter, les modifier, les rejeter même avec une entière liberté, en y ſubſtituant les autres propoſitions qu'elles croiroient avoir à faire pour leur plus grand bien. L'Aſſemblée Nationale ne doute pas qu'elles ne propoſent à la prochaine Légiſlature les loix & les meſures les plus propres à concilier tous les intérêts des Colonies & de la métropole, & à concourir efficacement à la plus grande proſpérité de toutes les parties de l'empire François.

MANDONS & ordonnons à tous les Tribunaux, Corps adminiſtratifs & Municipalités, que ces préſentes ils faſſent tranſcrire ſur leurs regiſtres, lire, publier & afficher dans leurs reſſorts & départemens reſpectifs, & exécuter comme Loi du Royaume. Mandons & ordonnons pareillement aux

Gouverneurs, Lieutenans généraux, Gouverneurs & Commandans particuliers, ou à ceux qui les repréſenteront dans les îles & colonies Françoiſes, Orientales & Occidentales, & à tous autres qu'il appartiendra, de s'y conformer, & de tenir la main à ſon exécution. En foi de quoi Nous avons ſigné & fait contreſigner ceſdites préſentes, auxquelles Nous avons fait appoſer le Sceau de l'État. A Paris, le premier jour du mois de juin, l'an de grâce mil ſept cent quatre-vingt-onze, & de notre règne le dix-huitième. *Signé* LOUIS. *Et plus bas*, M. L. F. DuPort. Et ſcellées du Sceau de l'État.

Certifié conforme à l'original.

A PARIS,
DE L'IMPRIMERIE ROYALE.

M. DCC. XCI.

— 2 —

LOI

N.° 1292.

Relative aux Colonies.

Donnée à Paris, le 28 Septembre 1791.

LOUIS, par la grâce de Dieu & par la Loi constitutionnelle de l'État, ROI DES FRANÇOIS: A tous présens & à venir; SALUT. L'Assemblée Nationale a décrété, & Nous voulons & ordonnons ce qui suit :

DÉCRET de l'Assemblée Nationale, du 28 Septembre 1791.

L'ASSEMBLÉE NATIONALE décrète:

ARTICLE PREMIER.

LE Décret du 24 de ce mois, constitutionnel pour les Colonies, sera porté à l'acceptation du Roi.

II.

LES instructions sur l'organisation des Colonies, adressées à l'île de Saint-Domingue par le Décret du 15 juin dernier, seront également envoyées aux autres Colonies, pour servir de mémoire, en ce qui n'a pas été décidé par le Décret du 24 de ce mois; & en conséquence, l'Assemblée coloniale de la Martinique, dont les séances ont été suspendues par le Décret du 29 novembre 1790, sanctionné le 8 décembre suivant, rentrera en activité.

III.

LA suspension du départ des Commissaires du Roi destinés à l'île de Saint-Domingue, est levée.

IV.

POUR faire cesser dans les Colonies l'effet des troubles & des dissentions qui y ont eu lieu, & opérer entre leurs habitans une réconciliation générale, le Décret du 14 de ce mois, sanctionné le 15 du même mois, portant abolition de toutes poursuites & procédures sur les faits relatifs à la révolution, & amnistie générale en faveur des hommes de guerre, sera étendu auxdites Colonies; en conséquence, les Commissaires civils qui y ont été envoyés, cesseront toutes informations sur l'origine & les auteurs des troubles, & publieront dans chaque Colonie une proclamation, pour rappeler dans leurs foyers les citoyens domiciliés qui s'en sont éloignés, & inviter tous les habitans à l'union, à la concorde & à l'oubli du passé.

MANDONS & ordonnons à tous les Corps administratifs & aux Tribunaux, que les présentes ils fassent consigner dans leurs registres, lire, publier

& afficher dans leurs déprtemens & ressorts respectifs, & exécuter comme Loi du royaume. Mandons & ordonnons pareillement à tous les Officiers généraux de la Marine, aux Commandans des ports & arsenaux , aux Gouverneurs & Lieutenans généraux, Gouverneurs & Commandans particuliers des Colonies orientales & occidentales, & à tous autres à qui il appartiendra, de se conformer ponctuellement à ces présentes. En foi de quoi Nous avons signé lesdites présentes, auxquelles Nous avons fait apposer le Sceau de l'État. A Paris, le vingt-huitième jour de septembre, l'an de grâce mil sept cent quatre-vingt-onze, & de notre règne le dix-huitième. *Signé* LOUIS. *Et plus bas,* M. L. F. DUPORT.

Certifié conforme à l'original.

A PARIS, DE L'IMPRIMERIE ROYALE. 1791.

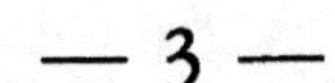

N.° 1396.

LOI

Portant que tout homme eſt libre en France, & que, quelleque ſoit ſa couleur, il y jouit de tous les droits de Citoyen, s'il a les qualités preſcrites par la Conſtitution.

Donnée à Paris, le 16 Octobre 1791.

LOUIS, par la grâce de Dieu & par la Loi conſtitutionnelle de l'État, ROI DES FRANÇOIS : A tous préſens & à venir ; SALUT.

L'ASSEMBLÉE NATIONALE a décrété, & Nous voulons & ordonnons ce qui ſuit.

DECRET DE L'ASSEMBLÉE NATIONALE, du 28 Septembre 1791.

L'ASSEMBLÉE NATIONALE décrète ce qui ſuit :

ARTICLE PREMIER.

Tout individu eſt libre auſſitôt qu'il eſt entré en France.

I I.

Tout homme, de quelque couleur qu'il ſoit, jouit en France de tous les droits de citoyen, s'il a les qualités preſcrites par la Conſtitution pour les exercer.

MANDONS & ordonnons à tous les Corps adminiſtratiſs & Tribunaux, que les préſentes ils faſſent conſigner dans leurs regiſtres, lire, publier & afficher dans leurs départemens & reſſorts reſpectifs, & exécuter comme Loi du Royaume. En foi de quoi Nous avons ſigné ces préſentes, auxquelles Nous avons fait appoſer le Sceau de l'État. A Paris, le ſeizième jour du mois d'octobre, l'an de grâce mil ſept cent quatre-vingt-onze, & de notre règne le dix-huitième. *Signé* LOUIS. *Et plus bas*, M. L. F. DU PORT. Et ſcellées du Sceau de l'État.

Certifié conforme à l'original.

A PARIS, DE L'IMPRIMERIE ROYALE. 1791.

L O I

N°. 2173.

N°. 585.

Qui fixe le nombre des Députés à nommer par les Colonies pour la Convention Nationale.

Du 22 Août 1792, l'an quatrieme de la Liberté.

L'ASSEMBLÉE NATIONALE, considérant que les colonies sont partie intégrante de l'empire Français, que tous les citoyens qui les habitent, sont, comme ceux de la métropole, appelés à la formation de la Convention Nationale;

Considérant que l'invitation qui a été faite aux citoyens Français, par son acte du 11 de ce mois, de nommer sans délai des représentans pour former la Convention Nationale, dans la même proportion que pour la législature actuelle, ne peut s'appliquer aux colonies, dont le mode de représentation n'est pas encore déterminé par la loi, décrete qu'il y a urgence.

L'Assemblée Nationale, après avoir déclaré l'urgence, décrete ce qui suit:

ARTICLE PREMIER.

Les colonies & possessions extérieures de l'empire Français, sont invitées à concourir à la formation de la Convention Nationale, de la maniere & dans les proportions suivantes.

I I.

La partie Française de lîle Saint-Domingue nommera dix-huit députés à la Convention Nationale; ce nombre sera réparti par l'assemblée coloniale, entre les trois provinces de la colonie, dans les proportions des trois bases du territoire, de la population & des contributions.

I I I.

La colonnie de la Guadeloupe nommera quatre députés à la Convention Nationale.

La colonie de la Martinique nommera trois députés.

La colonie de Sainte-Lucie nommera un député.

La colonie de Tabago nommera un deputé.

La colonie de Cayenne & la Guianne Françaiſe nommera un député.

La colonie de l'île Bourbon nommera deux députés.

La colonie de l'île-de-France nommera deux députés.

Les établiſſemens Français dans l'Inde ; ſavoir, Pondichery, Chandernagor, Mihé & autres réunis en une aſſemblée électorale, nommeront deux députés.

I V.

Le nombre des ſuppléans ſera la moitié de celui des députés, dans les colonies de Saint-Domingue, la Guadeloupe, la Martinique ; & dans celles qui ne nommeront qu'un député, il ſera nommé un ſuppléant par chaque colonie.

V.

Les colonies & poſſeſſions Françaiſes au-delà du Cap-de-Bonne-Eſpérance, pourront nommer un nombre de ſuppléans égal à celui de leurs députés.

V I.

Les aſſemblées primaires & électorales s'organiſeront & procéderont aux élections, dans les formes preſcrites par l'inſtruction du 10 juillet 1791, qui leur ſera à cet effet adreſſée par le pouvoir exécutif, fors les limitations & interprétations compriſes dans l'article ſuivant.

V I I.

Immédiatement après la publication du préſent acte, tous les citoyens libres, de quelque état, condition ou couleur qu'ils ſoient, domiciliés depuis un an dans la colonie, à l'exception de ceux qui ſont en état de domeſticité, ſe réuniront pour procéder à l'élection des députés qui doivent former une Convention Nationale, ſoient qu'ils ſoit convoqués ou non pas les fonctionnaires publics déterminés par la loi.

AU NOM DE LA NATION, le Conſeil exécutif proviſoire mande & ordonne à tous les Corps adminiſtratifs & Tribunaux, que les préſentes ils faſſent conſigner dans leurs regiſtres, lire, publier & afficher dans leurs départemens & reſſorts reſpectifs, & exécuter comme loi. En foi de quoi nous avons ſigné ces préſentes, auxquelles nous avons fait appoſer le ſceau de lÉtat. A Paris, le vingt-troiſieme jour du mois d'août mil ſept cent quatre-vingt-douze, l'an quatrieme de la Liberté. *Signé* ROLAND. *Contreſigné* DANTON. Et ſcellées du ſceau de l'État.

Certifié conforme à l'exemplaire reçu par le Directoire du Département, timbré & certifié par le Miniſtre.

A TOULOUSE,

De l'Imprimerie de J.-G. BESIAN, ſeul Imprimeur du Département de Haute-Garonne, place St.-George, N°. 285.

— 5 —

N.° 515.

avril

DÉCRET
DE LA
CONVENTION NATIONALE,

Du 5 Mars 1793, l'an second de la république Françoise,

Qui déclare que toutes les Colonies Françoises sont en état de guerre.

LA CONVENTION NATIONALE, sur le rapport de son comité de défense générale, décrète :

ARTICLE PREMIER.

Toutes les colonies Françoises sont déclarées, jusqu'à ce qu'il en ait été autrement statué, comme étant en état de guerre. Il est enjoint néanmoins aux gouverneurs généraux & autres agens militaires, ainsi qu'aux officiers de l'administration civile, de se concerter avec les commissaires nationaux civils, & d'obéir à toutes leurs réquisitions.

II.

Tous les hommes libres des colonies qui voudront prendre les armes pour la défense intérieure & extérieure des colonies, sont autorisés à se réunir en légions ou compagnies franches, qui seront organisées par les gouverneurs généraux & les commissaires nationaux civils, d'après les loix existantes, auxquelles il ne pourra être dérogé.

III.

Lesdits commissaires nationaux & gouverneurs généraux sont autorisés à faire provisoirement, dans les règlemens de police & de discipline des ateliers, tous les changemens qu'ils jugeront nécessaires au maintien de la paix intérieure des colonies.

IV

Le ministre de la marine donnera les ordres nécessaires pour faire transporter en France le régiment du Cap, qui prendra son rang dans la ligne.

V.

Les citoyens qui ont été déportés de Saint-Domingue par ordre des commissaires nationaux Ailhaux, Santhonax & Polverel, ou qui le seroient, ne pourront y retourner qu'après la cessation des troubles dans cette colonie, & qu'après en avoir obtenu une autorisation spéciale du corps législatif. Le ministre de la marine est chargé de donner les ordres nécessaires à tous les ports, pour l'exécution de cette disposition.

VI.

La Convention nationale approuve la formation des compagnies franches d'hommes libres faite à Saint Domingue, sous les ordres des commissaires nationaux civils.

VII.

Le ministre de la marine est chargé d'organiser

pareillement en compagnies franches tous les naturels des colonies actuellement en France, conformément aux loix existantes, & de les faire passer le plus promptement possible à Saint-Domingue.

Collationné à l'original, par nous président & secrétaires de la Convention nationale. A Paris, le 6 mars 1793, l'an second de la république Françoise. *Signé* DUBOIS-CRANCÉ, *président*; J. JULIEN de Toulouse & PRIEUR de la Marne, *secrétaires*.

AU NOM DE LA RÉPUBLIQUE, le Conseil exécutif provisoire mande & ordonne à tous les Corps administratifs & Tribunaux, que la présente loi ils fassent consigner dans leurs registres, lire, publier & afficher, & exécuter dans leurs départemens & ressorts respectifs, en foi de quoi nous y avons apposé notre signature & le sceau de la république. A Paris, le septième jour du mois de mars mil sept cent quatre-vingt-treize, l'an second de la république Françoise. *Signé* BEURNONVILLE. *Contresigné* GARAT. Et scellée du sceau de la république.

Certifié conforme à l'original.

A PARIS, DE L'IMPRIMERIE NATIONALE EXECUTIVE DU LOUVRE. 1793.

— 6 —

N.° 1287.

DÉCRET

DE LA

CONVENTION NATIONALE,

Du 27 Juillet 1793, l'an second de la république Françoise,

Qui supprime les Primes pour la Traite des Esclaves.

LA CONVENTION NATIONALE décrète que toutes les primes accordées jusqu'à présent pour la traite des esclaves, sont supprimées.

Visé par l'inspecteur. Signé *J. C. BATTELLIER.*

Collationné à l'original, par nous président & secrétaires de la Convention nationale. A Paris, les jour & an que dessus. *Signé* DANTON, *président*; DUPUY fils & DAVID, *secrétaires.*

AU NOM DE LA RÉPUBLIQUE, le Conseil exécutif provisoire mande & ordonne à tous les Corps administratifs & Tribunaux, que la présente loi ils fassent consigner dans leurs registres, lire, publier & afficher, & exécuter dans leurs départemens & ressorts respectifs; en foi de quoi nous y avons apposé notre signature & le sceau de la république.

A Paris, le vingt-ſeptième jour du mois de juillet mil ſept cent quatre-vingt-treize, l'an ſecond de la république Françoiſe. *Signé* GARAT. *Contreſigné* GOHIER. Et ſcellée du ſceau de la république.

Certifié conforme à l'original.

Gohier

A PARIS.

DE L'IMPRIMERIE NATIONALE EXÉCUTIVE DU LOUVRE.

M. DCC. XCIII.

— 7 —

DÉCRET

N.° 1567.

DE LA
CONVENTION NATIONALE,

Du 19 Septembre 1793, l'an second de la république Françoise, une & indivisible,

Qui autorise le payement des Primes & Gratifications accordées au Commerce, à l'exception de celles pour la traite des Nègres.

LA CONVENTION NATIONALE, sur le rapport de son comité de commerce, décrète :

ARTICLE PREMIER.

Le ministre de l'intérieur est autorisé à faire payer les primes, gratifications & encouragemens accordés au commerce & aux fabriques, pour tout ce qui est échu jusqu'au 1.er juillet dernier.

II.

Aucunes primes, encouragemens ou gratifications, même échus, pour raison de la traite des nègres, ne pourront être payés, sous quelque prétexte que ce soit.

Visé par l'inspecteur. Signé BLAUX.

Collationné à l'original, par nous président & secrétaires de la Convention nationale. A Paris, le 20 septembre 1793, l'an ſecond de la république, une & indiviſible. *Signé* BILLAUD-VARENNE, *président;* S. P. LEJEUNE & D. V. RAMEL, *ſecrétaires.*

AU NOM DE LA RÉPUBLIQUE, le Conſeil exécutif proviſoire mande & ordonne à tous les Corps adminiſtratifs & Tribunaux, que la préſente loi ils faſſent conſigner dans leurs regiſtres, lire, publier & afficher, & exécuter dans leurs départemens & reſſorts reſpectifs; en foi de quoi nous y avons appoſé notre ſignature & le ſceau de la république. A Paris, le vingtième jour du mois de ſeptembre mil ſept cent quatre-vingt-treize, l'an ſecond de la république Françoiſe, une & indiviſible. *Signé* BOUCHOTTE. *Contreſigné* GOHIER. Et ſcellée du ſceau de la république.

Certifié conforme à l'original.

A PARIS,
DE L'IMPRIMERIE NATIONALE EXÉCUTIVE DU LOUVRE,

M. DCC. XCIII, l'an 2.e de la république.

DÉCRET N.° 2262.

DE LA

CONVENTION NATIONALE,

Du 16. jour de Pluviôse, an second de la République Française, une & indivisible,

Qui abolit l'Esclavage des Nègres dans les Colonies.

LA CONVENTION NATIONALE déclare que l'esclavage des Nègres dans toutes les Colonies est aboli ; en conséquence elle décrète que tous les hommes, sans distinction de couleur, domiciliés dans les colonies, sont citoyens Français, & jouiront de tous les droits assurés par la constitution.

Elle renvoie au comité de salut public, pour lui faire incessamment un rapport sur les mesures à prendre pour assurer l'exécution du présent décret.

Visé par les inspecteurs. Signé *AUGER, CORDIER & S. E. MONNEL.*

Collationné à l'original, par nous président & secrétaires de la Convention nationale. A Paris, le 22 Germinal, an second de la République Française, une & indivisible. *Signé* AMAR, *président;* A. M. BAUDOT, MONNOT, CH. POTTIER & PEYSSARD, *secrétaires.*

AU NOM DE LA RÉPUBLIQUE, le Conseil exécutif provisoire

mande & ordonne à tous les Corps administratifs & Tribunaux, que la présente loi ils fassent consigner dans leurs registres, lire, publier & afficher, & exécuter dans leurs départemens & ressorts respectifs ; en foi de quoi nous y avons apposé notre signature & le sceau de la République. A Paris, le vingt-deuxième jour de Germinal, an second de la République Française, une & indivisible. *Signé* BUCHOT, *président* par *interim. Contresigné* GOHIER Et scellée du sceau de la République.

Certifié conforme à l'original.

Gohier

A PARIS,
DE L'IMPRIMERIE NATIONALE EXÉCUTIVE DU LOUVRE

An II.e de la République.

ARRÊTÉ

DU DIRECTOIRE EXECUTIF,

Concernant la formation d'une compagnie de militaires noirs et de couleur des troupes des colonies.

Du 3 Prairial an VI de la République française, une et indivisible.

LE DIRECTOIRE EXÉCUTIF, après avoir entendu le rapport du ministre de la marine et des colonies sur la nécessité de réunir dans un même lieu tous les militaires noirs et de couleur des troupes des colonies qui se trouvent disséminés tant dans l'intérieur que dans les différens ports de la République; voulant de plus utiliser le zèle de ces défenseurs et leur attachement à la République,

ARRÊTE:

ARTICLE PREMIER.

Les militaires noirs et de couleur qui se trouvent tant dans l'intérieur que dans les différens ports de la République, se réuniront à l'île d'Aix, pour y former, dans le plus court délai, une compagnie qui sera commandée par un capitaine noir de la seconde classe, et sera composée d'un lieutenant de la seconde classe et un sous-lieutenant, d'un sergent-major, quatre sergens, un caporal-fourrier, huit caporaux, un tambour et cent fusiliers. Elle pourra néanmoins être portée à un nombre plus considérable, sans augmentation d'officiers et de sous-officiers.

II. L'nniforme sera, habit, gilet de drap bleu, paremens et revers pareils, culotte longue de tricot bleu; collet rouge, droit; boutons blancs, marqués d'une ancre; chapeau ordinaire, bordé d'un galon de fil noir, à cheval, de la longueur d'un pouce; la doublure de l'habit et du gilet, de serge blanche, et celle de la culotte longue, en bonne toile écrue.

III. Les appointemens des officiers, sous-officiers et volontaires, seront conformes à ceux des autres troupes de la République, d'apres la loi du 23 floréal an V.

IV. Il sera donné des ordres à Paris et dans tous les ports, à tous les militaires des colonies noirs ou de couleur qui ne justifieront pas qu'ils sont attachés à un corps, de se rendre sur-le-champ à l'île d'Aix; il leur sera en conséquence délivré des routes.

V. Les officiers noirs et de couleur qui, conformément à l'article VI de l'arrêté du Directoire du 9 vendémiaire an VI, sont passés à la guerre et y sont employés à la suite des corps de ce département, ne sont point compris dans le présent arrêté; mais tous les militaires qui n'y sont point employés, ainsi que ceux qui reviendront soit des colonies, soit des prisons d'Angleterre, seront tenus de se rendre à l'île d'Aix, pour servir dans ladite compagnie ou à la suite. Les officiers non employés ne jouiront de leur traitement de réforme qu'à compter du jour de leur arrivée à la compaguie, et auront les rations de campagne, ou 10 sous par jour pour leur en tenir lieu, conformément à l'arrêté du Directoire du 11 brun a re an V.

VI. Aussitôt qu'un militaire de couleur, faisant partie des troupes coloniales, débarquera n importe dans quel port de la République, l'ordonnateur ou commissaire principal de la marine, ou autre chef d'administration, sera tenu de lui faire délivrer de suite une feuille de route par le commissaire des guerres de l'endroit, pour se rendre à l'île d'Aix. Ils ne pourront venir à Paris que sur des motifs valables, et avec un congé du ministre de la marine et des colonies.

VII. Lorsque ces officiers, sous-officiers et volontaires coloniaux seront ainsi réunis, ils seront assujétis à la discipline établie pour toutes les autres troupes de la République; ils seront aux ordres du commandant d'armes de Rochefort, et de l'ordonnateur de la marine, qui les utilisera le plus qu'il sera possible.

VIII. Tous les militaires noirs ou de couleur, qui sont à la suite de la demi-brigade de la marine de Rochefort, passeront dans la nouvelle compagnie, laquelle continuera de faire le service à la suite de ladite demi-brigade, et sera sous les ordres du commandant.

IX. Les officiers de cette compagnie ne pourront remplir les places de capitaine, lieutenant et sous lieutenant, qu'autant qu'ils auront été promus à ces grades soit par le Directoire, soit par commission de ses agens dans les colonies. Les officiers à la suite ne jouiront pareillement de leurs traitemens de réforme, qu'autant qu'ils justifieront légalement de leurs grades.

X. Cette compagnie sera entièrement à la disposition du ministre de la marine et des colonies, qui pourra, dans tous les cas, employer ces militaires de la manière qu'il jugera convenable au bien du service.

XI. Cette compagnie sera commandée par le C.en *Marin Pedre*, qui proposera au ministre le choix à faire, parmi les militaires noirs ou de couleur, des officiers les plus propres à remplir les places de lieutenant et sous-lieutenant, et suivant les conditions exprimées en l'article IX du présent arrêté. Il en sera de même pour les sous-officiers, qui, ainsi que les officiers, et conformément à la loi, devront savoir lire et écrire.

XII. Il sera pourvu à la solde, aux rations, aux effets d'habillement, d'équipement, d'armement et de casernement desdits militaires, conformément aux lois et d'après les revues de l'ordonnateur de la marine à Rochefort; et cette dépense sera prise, pour les années VI et VII, sur les fonds affectés au service des troupes de la marine.

Les ministres de la marine et de la guerre demeurent chargés, chacun pour ce qui le concerne, du présent arrêté, qui sera imprimé au Bulletin des lois.

Pour expédition conforme, *signé* Merlin, *président;*
par le Directoire exécutif, *le secrétaire général*, Lagarde.

A Paris, de l'Imprimerie du Dépôt des Lois, place du Carrousel.

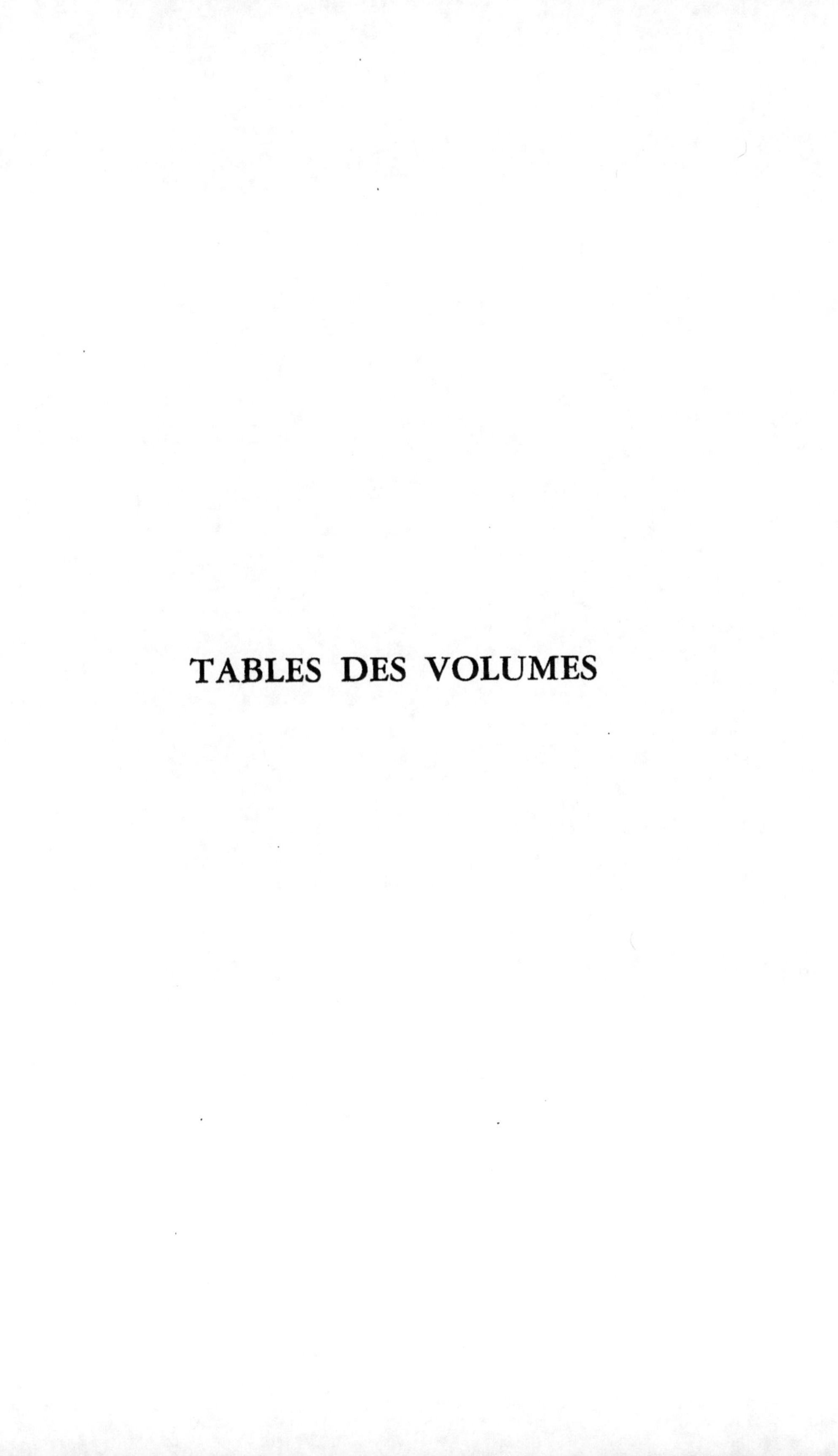

TABLES DES VOLUMES

TABLE DU TOME I

TABLE DU TOME II

TABLE DU TOME III

TABLE DU TOME IV

9 GREGOIRE (Abbé Henri): Lettre aux philantropes, sur les malheurs, les droits et les réclamations des gens de couleur de Saint-Domingue, et des autres îles françoises de l'Amérique. - Paris, Belin... et au Bureau du Patriote François, octobre 1790, 1 f. non chiffré et 21 pp.

10 LETTRES des diverses Sociétés des Amis de la Constitution, qui réclament les droits de Citoyen actif en faveur des hommes de couleur des Colonies. - (Paris), Imprimerie du Patriote François, s.d. (1791), 19 pp.

11 PEPIN: Adresse d'un patriote françois à l'Assemblée Nationale sur la Traite des Noirs. Avril 1791. - (Paris), Imprimerie de Valleyre, s.d. (1791), 14 pp.

12 PETITION [ampliative en faveur des Blancs et des Noirs, et Projet d'un Traité important pour les Colonies et pour l'Etat.] - (Paris), s.d. (1791), 2 ff. non chiffrés et 12 pp.

13 BAUX (J.-L.) & GENSONNE (Armand): Lettres importantes relatives à la question des citoyens de couleur. - (Paris), Imprimerie du Patriote François, s.d. (mai 1791), 3 pp.

14 GREGOIRE (Abbé Henri): Lettre aux citoyens de couleur, et nègres libres de Saint-Domingue, et des autres Isles Françoises de l'Amérique. - (Paris), Imprimerie du Patriote François, s.d. (1791), 15 pp.

TABLE DU TOME V

1 BONNEMAIN (Antoine-Jean-Thomas): Régénération des colonies, ou moyens de restituer graduellement aux hommes leur état politique, et d'assurer la prospérité des Nations; et moyens pour rétablir promptement l'ordre dans les colonies Françaises. - Paris, Imprimerie du Cercle Social... 1° mars 1792, 111 pp. et 2 tableaux dépliants.

2 Kersaint (Armand-Guy): Moyens proposés à l'Assemblée Nationale, pour rétablir la paix et l'ordre dans les Colonies. - Paris, Imprimerie du Cercle Social, 1792, 34-(2)-48 pp.

3 Adresse à la Convention Nationale, à tous les Clubs et Sociétés Patriotiques, pour les Nègres détenus en esclavage dans les Colonies Françaises de l'Amérique, sous le régime de la République. - Paris, Imprimerie Galletti, s.d. (1793), 15 pp.

4 Dorfeuille (Antoine): Discours prononcé après la lecture du Décret sur les Hommes de couleur, dans la fête célébrée à Commune-Affranchie le 20 Ventôse, en présence des Représentans du Peuple Fouché, Laporte, Méaulle. - Commune-Affranchie, Imprimerie Républicaine, s.d. (an II), 1 p.

5 Chaumette (Anaxagoras): Discours prononcé au nom de la Commune de Paris, le Décadi 30 pluviôse, l'an II de la République Française, une et indivisible, à la fête célébrée à Paris, en réjouissance de l'abolition de l'esclavage. - (Paris), Imprimerie Nationale, s.d. (an II), 22 pp.

6 Larivalliere: Les Africains, ou le Triomphe de l'humanité, comédie en un acte et en prose, représentée sur les principaux théâtres de la République. - Paris, Meurant, l'an III, 48 pp.

TABLE DU TOME VI

1 Discours sur la nécéssité d'établir à Paris une Société pour concourir, avec celle de Londres, à l'abolition de la traite & de l'esclavage des Nègres. Prononcé le 19 février 1788, dans une Société de quelques amis, rassemblés à Paris, à la prière du Comité de Londres. - (Paris), s.d. (1788), 32 pp.

2 Condorcet (J.A.N. de Caritat, marquis de)]: Réflexions sur l'esclavage des nègres. Par M. Schwartz, Pasteur du Saint Evangile à Bienne, Membre de la Société économique de B.***. Nouvelle édition revue & corrigée. - Neufchatel et Paris, Froullé, 1788, IV-VIII-86 pp.

3 Reglemens de la Société des Amis des Noirs. - S.l. (Paris), s.d. (1789), 46 pp.

4 Tableau des Membres de la Société des Amis des Noirs. Année 1789. - S.l. (Paris), s.d. (1789), 8 pp.

5 Description d'un navire négrier. - S.l. (Paris), s.d. (1789) 15 pp. et une planche dépliante.

6 Reponse à l'écrit de M. Malouet sur l'esclavage des nègres. Dans lequel est exprimé le voeu formé par les colons d'avoir des Représentans aux Etats-Généraux. Par un Membre de la Société des Amis des Noirs. - S.l. (Paris), 1789, 2 ff. non chiffrés et 99 pp.

7-8 Condorcet (J.A.N. de Caritat, marquis de): Au Corps Electoral, contre l'esclavage des Noirs. Sur l'admission des députés des planteurs de Saint-Domingue dans l'Assemblée Nationale. [Extraits du tome XVI des Oeuvres Complètes, Brunswick et Paris, Heinrichs, 1804, pp. 147-166].

TABLE DU TOME VII

1 Lettre à MM. les Députés des Trois Ordres, pour les engager à faire nommer par les Etats-Généraux, à l'exemple des Anglois, une Commission chargée d'examiner la cause des Noirs. - S.l. (Paris), s.d. (mai 1789), 51 pp.

2 Lettre de la Société des Amis des Noirs, à M. Necker, avec la Réponse de ce Ministre. - S.l. (Paris), s.d. (1789), 14 pp.

3 Brissot (Jean-Pierre): Mémoire sur les Noirs de l'Amérique Septentrionale, lu à l'Assemblée de la Société des Amis des Noirs, le 9 février 1789... - Paris, au Bureau du Patriote François, 20 décembre 1789, 56 pp.

4 [Lanthenas (François-Xavier)]: M. Lamiral réfuté par lui-même, ou Réponse aux Opinions de cet auteur, sur l'abolition de la Traite des Noirs, suivie de quelques idées sur les établissemens libres que la France ne doit point différer de faire au Sénégal. Par un Ami des Blancs & des Noirs. - (Paris), Imp. Potier de Lille, 1790, 80 pp.

5 Clarkson (Thomas): Lettre aux auteurs du Journal de Paris. - (Paris), Imp. V-ve Hérissant, s.d. (1790), 4 pp.

6 Viefville des Essars (Jean-Louis de): Discours et projet de loi pour l'affranchissement des nègres, ou l'adoucissement de leur régime, et Réponse aux objections des Colons. - Paris, Imprimerie Nationale, s.d. (1790), 40 pp.

7 Adresse à l'Assemblée Nationale, pour l'abolition de la Traite des Noirs. Par la Société des Amis des Noirs de Paris. Février 1790. - Paris, Imprimerie de Potier de Lille, 1790, 1 f. non chiffré et 22 pp.

8 Seconde Adresse à l'Assemblée Nationale, par la Société des Amis des Noirs, établie à Paris. - (Paris), Imprimerie du Patriote François, s.d. (9 avril 1790), 7 pp.

TABLE DU TOME VIII

1 Petion (Jérôme): Discours sur la traite des Noirs. - Paris, Desenne, avril 1790, 2 ff. non chiffrés et 80 pp.

2 Liste des ouvrages sur la traite et l'esclavage. - (Paris), Imprimerie du Patriot François, s.d. (1790), 4 pp.

3 Adresse aux Amis de l'humanité, par la Société des Amis des Noirs, sur le plan de ses travaux. Lue au Comité, le 4 juin 1790, et imprimée par son ordre. - (Paris), Imprimerie du Patriote François, s.d. (1790), 4 pp.

4 Reflexions sur le Code Noir, et Dénonciation d'un crime affreux, commis à Saint-Domingue; adressés à l'Assemblée Nationale par la Société des Amis des Noirs. - Paris, Imprimerie du Patriote François, août 1790, 15 pp.

5 Brissot (Jean-Pierre): Réplique à la première et dernière lettre de Louis-Marthe Gouy, Défenseur de la Traite des Noirs et de l'Esclavage. - Paris, Belin, et au Bureau du Patriote François, 10 février 1791, 1 f. non chiffré et 54 pp.

6 PLAINTE de la Société des Amis des Noirs, contre M. Dillon, à l'Assemblée Nationale. - S.l. (Paris), s.d. (1791), 3 pp.

7 LA SOCIETE des Amis des Noirs à Arthur Dillon, Député de la Martinique à l'Assemblée Nationale. - (Paris), Imprimerie du Patriote François, s.d. (1791), 11 pp.

8 BRISSOT (Jean-Pierre): Discours sur la nécéssité de maintenir le décret rendu le 15 mai en faveur des hommes de couleur libres, prononcé le 12 septembre 1791, à la séance de la Société des Amis de la Constitution... Imprimé par ordre de la Société. - S.l. (Paris), s.d. (1791), 28 pp.

9 BRISSOT (Jean-Pierre): Discours sur un projet de décret relatif à la révolte des noirs, prononcé à l'Assemblée Nationale le 30 octobre 1791. - Paris, Imprimerie Nationale, 1791, 17 pp.

10 CORRESPONDANCE secrette des Colons députés à l'Assemblée Constituante, servant à faire connaître l'esprit des colons en général, sur la Révolution. - Paris, Imprimerie d'Anjubault, s.d. (1793), 43 pp.

11 FROSSARD (Benjamin-Sigismond): Observations sur l'abolition de la traite des Nègres. Présentées à la Convention Nationale. - S.l. (Paris), Imprimerie de Gueffier, 1793, 1 f. non chiffré et 32 pp.

12 WADSTROM (Charles-Bernard): [Additions aux règlemens de la Société des Amis des Noirs et des Colonies]. - S.l. (Paris), s.d. (an II), 6 pp.

13 LETTRE de la Société des Amis des Noirs, aux Auteurs de la Décade Philosophique. - S.l. (Paris), s.d. (an IV?), 8 pp.

14 WADSTROM (Charles-Bernard): Adresse au Corps Législatif et au Directoire Exécutif de la République Française. - (Paris), Imprimerie des Sciences et Arts, s.d., 1 f. non chiffré et 9 pp.

15 WADSTROM (Charles-Bernard): [Note sur la réunion de la Société des Amis des Noirs du 7 floréal an VI]. - S.l. (Paris), s.d., 4 pp.

16 SOCIETE des Amis des Noirs et des Colonies. Décret de la Convention Nationale, du 16-ème jour de Pluviôse, an second de la République Française Une et Indivisible, qui abolit l'esclavage des Nègres dans les Colonies. - S.l. (Paris), s.d. (an VII-1799), 3 pp.

TABLE DU TOME IX

1 CLAVIERE (Etienne): Adresse de la Société des Amis des Noirs, à l'Assemblée Nationale, à toutes les Villes de Commerce, à toutes les Manufactures, aux Colonies, à toutes les Sociétés des Amis de la Constitution; Adresse dans laquelle on approfondit les relations politiques et commerciales entre la Métropole et les Colonies, etc. Rédigée par E. Clavière, Membre de cette Société. Seconde édition, revue et corrigée. - Paris, Desenne et au Bureau du Patriote François, 10 juillet 1791, in-8°, XXVIII et pp. (3)-318 (par erreur de pagination, celle-ci passant de 240 à 291 sans manque de texte).

TABLE DU TOME X

1 CUGOANO (Ottobah): Réflexions sur la traite et l'esclavage des nègres, traduites de l'Anglais d'Ottobah Cugoano, afriquain, esclave à la Grenade et libre en Angleterre [par Antoine Diannyère]. - Londres et Paris, Royer, 1788, XII-194 pp.

TABLE DU TOME XI

10 Corbin (Lucidor F.): Discours de la citoyenne Lucidor F. Corbin, Créole Républicaine, prononcée (sic) par elle-même au Temple de la Raison, l'an 2° de la Liberté. - Paris, chez Colubrier, graveur, s.d., 2 pp.

11 Larchevesque-Thibaud (G.J.B.): Lettre d'un colon de Saint-Domingue à un de ses amis. - (Paris), Imprimerie Ch. Desbrière, s.d. (an IV), 1 f. non chiffré et 13 pp.

12 Toussaint-Louverture: Extrait du Rapport adressé au Directoire exécutif par le citoyen Toussaint-Louverture, général en chef des Forces de la République française à Saint-Domingue. - Au Cap Français, chez P. Roux, s.d. (an V), 40 pp.

13 Dufay (Louis-Pierre): Opinion sur le titre III de la résolution soumise au Conseil des Anciens, concernant l'organisation de la Constitution dans les Colonies. De l'état et des droits de citoyen pour les Noirs dans les Colonies. - (Paris), Baudouin, s.d. (1798), 12 pp.

14 Toussaint-Louverture: Réfutation de quelques assertions d'un Discours prononcé au Corps législatif le 10 Prairial an cinq, par Viénot-Vaublanc. - S.l. (Le Cap), s.d. (brumaire an VI), 32 pp.

15 Mentor (Etienne-Victor): Conseil des Cinq-Cents. Discours prononcé dans la séance du 12 prairial an 6. - (Paris), Imprimerie Nationale, an 6, 3 pp.

16 Mentor (Etienne-Victor): Conseil des Cinq-Cents. Discours sur le projet de résolution tendant à faire annuler les dettes contractées pour achat de Noirs. Séance du 24 Vendémiaire an 7. - (Paris), Imprimerie Nationale, brumaire an 7, 4 pp.

17 Thomany (Pierre): Conseil des Cinq-Cents. Motion d'ordre sur l'anniversaire de la liberté des noirs dans les colonies françaises. Séance du 16 pluviôse an 7. - Paris, Imprimerie Nationale, pluviôse an 7, 4 pp.

18 Constitution de la Colonie Française de Saint-Domingue. Du 17 août 1801 (29 thermidor an 9). - Paris, Imprimerie du Dépôt des Lois, s.d. (1801), 12 pp.

TABLE DU TOME XII

sible, Qui abolit l'esclavage des Nègres dans les Colonies. - Paris, Imprimerie Nationale, an II, 2 pp.

9 ARRETE du Directoire Exécutif, concernant la formation d'une Compagnie de militaires noirs et de couleur des troupes des Colonies. Du 3 prairial an VI de la République française, une et indivisible. - Paris, Imprimerie du Dépôt des Lois, s.d. (1798), 3 pp.

10 TABLE générale des ouvrages contenus dans les douze volumes de la collection « La Révolution française et l'abolition de l'esclavage ».

11 INDEX des auteurs et des titres anonymes.

INDEX DES AUTEURS ET DES TITRES ANONYMES

INDEX DES AUTEURS ET DES TITRES ANONYMES

(Le chiffre romain indique le volume de la collection, le chiffre arabe désigne le numéro d'ordre du texte dans le volume.)

rendu le 15 mai 1791, en faveur des hommes de couleur libres, prononcé le 12 septembre 1791 à la séance de la Société des Amis de la Constitution. 1791. - (VIII - 8).

BRISSOT (J.P.): Discours sur un projet de décret relatif à la révolte des noirs, prononcé à l'Assemblée Nationale le 30 octobre 1791. 1791. - (VIII - 9).

BRISSOT (J.P.): Mémoire sur les Noirs de l'Amérique Septentrionale, lu à l'Assemblée de la Société des Amis des Noirs le 9 février 1789. 1789. - (VII - 3).

BRISSOT (J.P.): Réplique à la première et dernière lettre de Louis-Marthe Gouy, défenseur de la traite des Noirs et de l'esclavage. 10 février 1791. - (VIII - 5).

BRISSOT (J.P.) - voir: Adresse à l'Assemblée Nationale pour l'abolition de la traite des Noirs. Février 1790 (VII - 7).

— voir: Adresse aux amis de l'humanité... (VIII - 3).

— voir: Plainte de la Société des Amis des Noirs contre M. Dillon (VIII - 6).

— voir: Seconde adresse à l'Assemblée Nationale... (VII - 8).

— voir: Société (La) des Amis des Noirs à Arthur Dillon... (VIII - 7).

CERCLE SOCIAL - voir: Bonnemain (A.J.T.): Régénération des Colonies... (V - 1).

— voir: Kersaint (A.G.): Moyens proposés à l'Assemblée Nationale... (V - 2).

— voir: Milscent (C.L.M.): Du régime colonial. (XI - 6).

CHAUMETTE (P.J.A.): Discours prononcé au nom de la Commune de Paris, le décadi 30 pluviôse l'an II... à la fête célébrée à Paris, en réjouissance de l'abolition de l'esclavage. 1794. - (V - 5).

CLARKSON (Thomas): Lettre aux auteurs du Journal de Paris. 1790 (VII - 5).

CLAVIERE (E.): Adresse de la Société des Amis des Noirs, à l'Assemblée Nationale, à toutes les villes de commerce, à toutes les manufactures, aux colonies, à toutes les Sociétés des Amis de la Constitution; adresse dans laquelle on appro-

CORRESPONDANCE Secrette des Colons députés à l'Assemblée Constituante, servant à faire connaître l'esprit des colons en général... 1793. - (VIII - 10).

COURNAND (Abbé A. de): Réponse aux Observations d'un habitant des colonies, sur le Mémoire en faveur des gens de couleur, ou sang-mêlés, de Saint-Domingue, & des autres Isles françoises de l'Amérique, adressé à l'Assemblée Nationale, par M. Grégoire, Curé d'Embermenil... 1789. - (I - 7).

COURNAND (Abbé A. de): Requête présentée à Nosseigneurs de l'Assemblée Nationale, en faveur des gens de couleur de l'île de Saint-Domingue. 1790. - (IV - 3).

CUGOANO (Ottobah): Réflexions sur la traite et l'esclavage des nègres, traduites de l'anglais d'Ottobah Cugoano, Africain, esclave à la Grenade et libre en Angleterre. 1788. - (X - 1).

DECADE Philosophique - voir: Lettre de la Société des Amis des Noirs aux auteurs de la Décade Philosophique. (VIII - 13).

DECOUVERTE d'une conspiration contre les intérêts de la France... voir: Il est encore des Aristocrates... (IV - 5).

DECRET de la Convention Nationale, du 5 mars 1793, qui déclare que toutes les colonies françaises sont en état de guerre... 1793. (XII - 5).

DECRET de la Convention Nationale, du 27 juillet 1793, qui supprime les primes pour la traite des esclaves. 1793. - (XII - 6).

DECRET de la Convention Nationale, du 19 septembre 1793, qui autorise le payement des primes & gratifications accordées au commerce, à l'exception de celles pour la traite des nègres. 1793. - (XII - 7).

DECRET de la Convention Nationale, du 16. jour de pluviôse, an second, qui abolit l'esclavage des Nègres dans les colonies. An II. - (XII - 8).

DESCRIPTION d'un navire négrier. 1789 (VI - 5).

DIANNYERE (A.) - voir: Cugoano (Ottobah): Réflexions sur l'esclavage des nègres... 1788. - (X - 1).

GOUGE (O. de): Réponse au champion américain, ou colon très-aisé à connoître. 1790. - (IV - 8).

GOUY (L.M. de): voir: Brissot (J.P.): Réplique à la première et dernière lettre de Louis-Marthe Gouy. 1791. (VIII - 5).

GREGOIRE (Abbé H.): Lettre aux citoyens de couleur et nègres libres de Saint-Domingue, et des autres Isles Françoises de l'Amérique. 1791. - (IV - 14).

GREGOIRE (Abbé H.): Lettre aux philantropes, sur les malheurs, les droits et les réclamations des gens de couleur de Saint-Domingue, et des autres îles françoises de l'Amérique. 1790. - (IV - 9).

GREGOIRE (Abbé H.): Mémoire en faveur des gens de couleur ou sang-mêlés de St.-Domingue, & des autres Isles françoises de l'Amérique, adressé à l'Assemblée Nationale. 1789. - (I - 6).

GREGOIRE (Abbé H.): voir: Cournand (Abbé A. de): Réponse aux Observations d'un habitant des Colonies... (I - 7).

HENRION DE PANSEY (P.P.N. de): Mémoire pour un nègre qui réclame sa liberté. 1770. - (I - 1).

HOMME (L') redevenu homme, ou les Africains à l'Assemblée Nationale. Par un ancien capitaine d'infanterie. 1790. - (IV - 4).

IL EST encore des aristocrates, ou Réponse à l'infâme auteur d'un écrit intitulé: Découverte d'une conspiration contre les intérêts de la France. 1790. - (IV - 5).

J.M.C. - voir: Précis des gémissemens des sang-mêlés... (XI - 1).

KERSAINT (A.G.): Moyens proposés à l'Assemblée Nationale pour rétablir la paix et l'ordre dans les colonies. 1792. - (V - 2).

LABORIE (Chevalier de): Propositions soumises à l'examen du Comité de Marine de l'Assemblée Nationale. 1790. - (IV - 6).

LACOUR - voir: Constitution de la Colonie de Saint-Domingue... (XI - 18).

LANTHENAS (F.X.): M. Lamiral réfuté par lui-même, ou Réponse aux opinions de cet auteur, sur l'abolition de la Traite des Noirs, suivie de quelques idées sur les établissemens libres que la France ne doit point différer de faire au Sénégal. 1790. - (VII - 4).

Laporte - voir: Dorfeuille: Discours... (V - 4).

Larchevesque-Thibaud (G.J.B.): Lettre d'un colon de Saint-Domingue à un de ses amis. An IV. - (XI - 11).

Larivalliere: Les Africains, ou le triomphe de l'humanité, comédie... An III. - (V - 6).

Lecointe-Marsillac: Le More-Lack, ou Essai sur les moyens les plus doux & les plus équitables d'abolir la traite & l'esclavage des Nègres d'Afrique... 1789. - (III - 1).

Le Page - voir: Adresse à l'Assemblée Nationale pour l'abolition de la traite des Noirs. Février 1790. - (VII - 7).

Lescallier (Daniel): Réflexions sur le sort des Noirs dans nos colonies. 1789. - (I - 5).

Lettre à MM. les Députés des Trois Ordres, pour les engager à faire nommer par les Etats-Généraux, à l'exemple des Anglois, une Commission chargée d'examiner la cause des Noirs. 1789. - (VII - 1).

Lettre de la Société des Amis des Noirs à M. Necker, avec la Réponse de ce Ministre. 1789. - (VII - 2).

Lettre de la Société des Amis des Noirs, aux Auteurs de la Décade Philosophique. 1796. - (VIII - 13).

Lettre des Commissaires des citoyens de couleur en France, à leurs frères et commettans dans les Isles Françoises. 1791. - (XI - 3).

Lettres des diverses Sociétés des Amis de la Constitution, qui réclament les droits de Citoyen actif en faveur des hommes de couleur des Colonies. 1791. - (IV - 10).

Liste des ouvrages sur la traite et l'esclavage. 1790. - (VIII - 2).

Loango (Royaume de) - voir: Sibire (Abbé S.A.): L'aristocratie négrière... (II - 1).

Loi relative aux Colonies, avec l'exposé des motifs qui en ont déterminé les dispositions. 1° juin 1791. - (XII - 1).

Loi relative aux Colonies. 28 septembre 1791. - (XI - 2).

Loi portant que tout homme est libre en France, & que quelle que soit sa couleur, il y jouit de tous les droits de citoyen... 16 octobre 1791. - (XII - 3).

Loi qui fixe le nombre des Députés à nommer par les Colonies pour la Convention Nationale. 22 août 1792. - (XII - 4).

Lyon - voir: Dorfeuille: Discours... (V - 4).

Malouet - voir: Réponse à l'écrit de M. Malouet... (VI - 6).

Mandar (Th.): Observations sur l'esclavage et le commerce des Nègres. Pour répondre aux questions insérées dans le Journal de Paris. 1790. - (IV - 7).

Marcel - voir: Constitution de la Colonie Française de Saint-Domingue... (XI - 8).

Meaulle - voir: Dorfeuille: Discours... (V - 4).

Mentor (E.V.): Conseil des Cinq-Cents. Discours dans la séance du 12 prairial an VI. - (XI - 15).

Mentor (E.V.): Conseil des Cinq-Cents. Discours sur le projet de résolution tendant à faire annuler les dettes contractées pour achat de Noirs. 24 vendémiaire an VII. - (XI - 16).

Milscent (C.L.M.): Du régime colonial. 1792. - (XI - 6).

M. Lamiral réfuté par lui même, ou Réponse aux opinions de cet auteur... voir: Lanthenas (F.X.). - (VII - 4).

More-Lack (Le), ou Essai sur les moyens les plus doux & les plus équitables d'abolir la traite & l'esclavage des Noirs. 1789. - voir: Lecointe-Marsillac. - (III - 1).

Mosneron de Launay - voir Clarkson (Th.): Lettre aux auteurs du Journal de Paris... - (VII - 5).

Mugno - voir: Constitution de la Colonie Française de Saint-Domingue... (XI - 18).

Necker - voir: Lettre de la Société des Amis des Noirs à M. Necker avec la Réponse... - (VII - 2).

Oge Jeune (Vincent): Motion faite à l'Assemblée des Colons,

Habitans de Saint-Domingue, à l'Hôtel de Massiac... 1789. - (XI - 2).

PAGE (P.F.): Réflexions sur les colonies. 1792. - (XI - 5).

PEPIN: Adresse d'un patriote françois à l'Assemblée Nationale sur la traite des Noirs. Avril 1791. - (IV - 11).

PETION (J.): Discours sur la traite des noirs. Avril 1790. - (VIII - 1).

PETION - voir: Adresse aux Amis de l'humanité... - (VIII - 3).

— voir: Seconde adresse à l'Assemblée Nationale... - (VII - 8).

PETITION [ampliative en faveur des Blancs et des Noirs, et Projet d'un Traité important pour les Colonies et pour l'Etat]. 1791. - (IV - 12).

PLAINTE de la Société des Amis des Noirs, contre M. Dillon, à l'Assemblée Nationale. 1791. - (VIII - 6).

PRECIS des gémissemens des sang-mêlés dans les Colonies Françoises. Par J.M.C., Américain, sang-mêlé. 1789. - (XI-1).

RAIMOND (J.): Réflexions sur les véritables causes des troubles et des désastres de nos colonies, notamment sur ceux de Saint-Domingue, avec les moyens à employer pour préserver cette colonie d'une ruine totale... 1793. - (XI - 7).

RAIMONT - voir: Constitution de la Colonie Française de Saint-Domingue... (XI - 18).

RAYMOND L'AINE - voir: Lettre des Commissaires des citoyens de couleur en France... (XI - 3).

REFLEXIONS sur l'abolition de la Traite & la liberté des Noirs. 1789. - (IV - 1).

REFLEXIONS sur l'esclavage des nègres, par M. Schwartz... voir: Condorcet (J.A.N.): Réflexions sur l'esclavage des nègres... 1788. - (VI - 2).

REFLEXIONS sur le Code Noir, et Dénonciation d'un crime affreux, commis à Saint-Domingue, adressées à l'Assemblée Nationale par la Société des Amis des Noirs. 1790. - (VIII - 4).

REFLEXIONS sur le sort des Noirs dans nos colonies... - voir: Lescallier (D.). - (I - 5).

REGLEMENS de la Société des Amis des Noirs. 1789. - (VI - 3).

REPONSE à l'écrit de M. Malouet, sur l'esclavage des nègres. Dans lequel est exprimé le voeu formé par les Colons d'avoir des Représentans aux Etats-Généraux. Par un Membre de la Société des Amis des Noirs. 1789. - (VI - 6).

ROXAS - voir: Constitution de la Colonie Française de Saint-Domingue... (XI - 18).

SACY (C.L.M. de): L'esclavage des Américains et des Nègres. 1775. - (I - 2).

SAINT-ALBERT (H.) - voir: Lettre des Commissaires des Citoyens de couleur en France... (XI - 3).

SCHWARTZ, pasteur du Saint Evangile à Bienne... - voir: Condorcet (J.A.N.): Réflexions sur l'esclavage des nègres... (VI - 2).

SECONDE Adresse à l'Assemblée Nationale, par la Société des Amis des Noirs, établie à Paris. 9 avril 1790. - (VII - 8).

SIBIRE (Abbé S.A.): L'Aristocratie négrière, ou Réflexions philosophiques et historiques sur l'esclavage et l'affranchissement des Noirs... 1789. - (II - 1).

SOCIETE des Amis de la Constitution - voir: Brissot (J.P.): Discours sur la nécéssité de maintenir le décret rendu le 15 mai... (VIII - 8).

— voir Clavière (E.): Adresse de la Société des Amis des Noirs... (IX - 1).

— voir: Lettres des diverses Sociétés des Amis de la Constitution... (IV - 10).

SOCIETE (La) des Amis des Noirs à Arthur Dillon, Député de la Martinique à l'Assemblée Nationale. 1791. - (VIII - 7).

SOCIETE des Amis des Noirs - voir: Adresse à l'Assemblée Nationale... février 1790. - (VII - 7).

— voir: Adresse aux Amis de l'humanité... (VIII - 3).

— voir: Brissot (J.P.): Mémoire pour les Noirs de l'Amérique... (VII - 3).

SUR L'ADMISSION des Députés des Planteurs de Saint-Domingue dans l'Assemblée Nationale... - voir: Condorcet (J.A.N.): Au Corps Electoral... (VI - 7-8).

TABLEAU des Membres de la Société des Amis des Noirs. Année 1789. - (VI - 4).

THOMANY (P.): Conseil des Cinq-Cents. Motion sur l'anniversaire de la liberté des Noirs dans les colonies françaises. 16 pluviôse an 7. - (XI - 17).

TOUSSAINT-LOUVERTURE: Extrait du Rapport adressé au Directoire exécutif par le citoyen Toussaint-Louverture, général en chef des Forces de la République française à Saint-Domingue... An VI. - (XI - 12).

TOUSSAINT-LOUVERTURE: Réfutation de quelques assertions d'un Discours prononcé au Corps Législatif le 10 Prairial, an cinq, par Viénot-Vaublanc. An VI. - (XI - 14).

TOUSSAINT-LOUVERTURE - voir: Constitution de la Colonie Française de Saint-Domingue... (XI - 18).

TRAITE des Nègres. A Messieurs les Députés à l'Assemblée Nationale. 1789. - (IV - 2).

VIART (E.) - voir: Constitution de la Colonie Française de Saint-Domingue... (XI - 18).

VIEFVILLE DES ESSARS (J.L. de): Discours et projet de loi pour l'affranchissement des nègres, ou l'adoucissement de leur régime, et Réponse aux objections des colons. 1790. - (VII - 6).

VIENOT-VAUBLANC (V.M. de) - voir: Toussaint-Louverture: Réfutation de quelques assertions... (XI - 14).

WADSTROM (C.B.): [Additions aux règlemens de la Société des Amis des Noirs et des Colonies.] An II. - (VIII - 12).

WADSTROM (C.B.): Adresse au Corps Législatif et au Directoire exécutif de la République Française. - (VIII - 14).

WADSTROM (C.B.): [Note sur la réunion de la Société des Amis des Noirs, du 7 floréal an 6.] - (VIII - 15).

ACHEVE D'IMPRIMER LE 30 SEPTEMBRE 1968 PAR GALLI THIERRY, MAITRE IMPRIMEUR A MILAN POUR LE COMPTE DE

EDHIS

EDITIONS D'HISTOIRE SOCIALE

10, RUE VIVIENNE A PARIS

IL A ETE TIRE 750 EXEMPLAIRES NUMEROTES SUR PAPIER VERGE A LA MAIN, PLUS 30 EXEMPLAIRES HORS COMMERCE

EXEMPLAIRE N° 165

www.ingramcontent.com/pod-product-compliance
Lightning Source LLC
La Vergne TN
LVHW020423230826
846091LV00004B/1387

9782013618151